GEERT DE SUTTER

Sara y Simón

BUSCA Y ENCUENTRA

La Biblia

Título original: *La Biblie*

Dirección: Guillaume Arnaud
Dirección editorial: Sophie Cluzet
Edición española: Santiago Herraiz, asistido por Miguel Mirón
Versión española de Miguel Martín

© Mame, París, 2024
© Rialp, Madrid 2025 de la versión española
Manuel Uribe 13-15, 28033 Madrid
www.rialp.com

ISBN : 978-84-321-7254-0
Depósito legal : M-20762-2025

Ajuste de preimpresión: produccioneditorial.com
Impreso en Anzos, S. L., Fuenlabrada (Madrid)

Sara y Simón

Los amigos de Jesús

Félix y Estrella

El maestro y su hija

Blanca y Moreno

El gato de Estrella y el gato de Sara

Quintina

La cabrita

La **Biblia** no es un solo libro, sino una colección de muchos libros dividida en dos grandes partes.

La primera, el **Antiguo Testamento**, cuenta la historia del pueblo de Israel, el pueblo elegido por Dios. Luego viene el **Nuevo Testamento**, que cuenta la historia de Jesús, el Hijo de Dios, enviado a la tierra para liberar a los hombres del mal y de la muerte.

La Biblia nos habla de Dios que nos ama. Por su palabra, Dios enseña a los hombres a vivir en armonía unos con otros y con Él.

Un día, Dios decide cubrir la tierra de agua para ahogar toda la maldad. Pide a Noé, un hombre justo, que construya un gran barco para albergar a su familia y a parejas de animales. La lluvia cae sobre la tierra durante mucho tiempo. Cuando escampa, Noé envía una paloma que vuelve con una ramita de olivo en el pico. Es la señal de que pueden salir del arca. El sol brilla y un arcoíris pinta un puente entre el cielo y la tierra.

Un día, los hombres quieren construir una torre muy alta, que toque el cielo.
¡Algunos se creen dioses! Dios quiere parar esta construcción. Entonces dijo:
«Que hable cada uno una lengua diferente». Ya nadie puede entenderse.
Abandonan la torre, que se llamará la torre de Babel.

Abrahán es amigo de Dios. Un día Dios le pide que deje su país y vaya a donde él le mostrará.
Con Sara, su mujer, y toda su familia, Abrahán camina durante mucho tiempo, hasta que
acampa. Abrahán y Sara son ya ancianos, pero Dios promete que tendrán un hijo.
Pues nada es imposible para Dios.
Es así como nace Isaac.

JOSÉ Y SUS HERMANOS

A José siempre le han envidiado sus once hermanos mayores. Un día, le traicionan y lo venden a una caravana de mercaderes. José llega entonces a Egipto. Allí, se hace amigo del faraón. Un día, hay una gran hambruna. Es José quien reparte la comida. Entre la gente, ve a sus hermanos. Corre a abrazarlos y les perdona todo.

MOISÉS Y EL CRUCE DEL MAR ROJO

Moisés ha oído la voz de Dios en el desierto. Dios le envía para liberar a su pueblo de la esclavitud y llevarlo a través del desierto hacia la Tierra Prometida. Después de salir de Egipto, con la ayuda de Dios, el pueblo se encuentra frente al mar Rojo. Moisés pide ayuda a Dios, luego levanta su bastón frente al agua y el mar se abre. La larga caravana de los hebreos puede ahora cruzar el mar a pie.

14

BUSCA Y ENCUENTRA

EL REY DAVID

Dios hace rey a un joven pastor. Se llama David. El rey David se instala en Jerusalén,
que significa «Ciudad de la Paz». David lleva a Jerusalén el Arca de la Alianza, que contiene
los 10 mandamientos que Dios dio a Moisés para guiar a su pueblo.
David está muy contento, festeja y baila delante del Arca.

DANIEL EN EL FOSO DE LOS LEONES

Dios habla a su pueblo a través de la voz de los profetas. Pero los hombres no siempre los escuchan y a veces los maltratan.

Así, el profeta Daniel se encuentra un día en el foso de los leones. Pero Dios está con él y los leones no le hacen ningún daño.

JONÁS Y LA BALLENA

Un día, Dios le pide a Jonás que vaya a Nínive. Pero Jonás tiene miedo de ir a esa ciudad llena de ladrones y bandidos.

Desobedece a Dios, sube a un barco y se va en sentido contrario. Pero una tempestad se levanta y Jonás piensa que es culpa suya. Se lanza luego al mar y un gran pez lo traga. La tempestad se calma enseguida. En el vientre del pez, Jonás reza a Dios y le pide perdón. El pez echa a Jonás en la costa de Nínive.

Dios envió a su Hijo para vivir en medio de los hombres. La vida de Jesús se cuenta
en los cuatro evangelios. Jesús llama a los doce apóstoles para que vivieran con él.
Recorre el país para hablar del amor de Dios y obra muchos milagros.

BUSCA Y ENCUENTRA

Algunos hombres no aman a Jesús y quieren matarlo.
En la cruz, Jesús da su vida por amor a todos los hombres.
Tres días después, resucita. ¡Jesús está vivo!
Ha salvado a todos los hombres de la muerte y del pecado.

BUSCA Y ENCUENTRA

Poco después, Jesús sube al cielo junto a Dios, su Padre. Pero antes de eso, envía a sus apóstoles a anunciar la Buena Nueva de su resurrección. En su nombre, los apóstoles hablan del amor de Dios y obran milagros curando a los enfermos.

LOS VIAJES DE SAN PABLO

Antes, Pablo perseguía a los cristianos. Pero un día, en el camino de Damasco,
oye a Dios en un rayo de luz que le deja ciego: «¿Por qué me persigues?».
Tras ese día, Pablo recobra la vista y se hace cristiano.
Viaja mucho para anunciar a todos la Buena Nueva y hablar del amor de Dios.

BUSCA Y ENCUENTRA

EN LA MISMA COLECCIÓN

Este libro, publicado por
Ediciones Rialp, S. A.,
Manuel Uribe 13-15, 28033 Madrid,
se terminó de imprimir en
Anzos, S. L. Fuenlabrada (Madrid),
el día 4 de octubre de 2025.